Oberstdorf

Schnippenkopf
Entschenkopf
Rubihorn

Drei Fototouren im Allgäu

Johann Schubert (primapage)

Impressum

Bibliografische Information der Deutschen Nationalbibliothek: Die Deutsch
Nationalbibliothek verzeichnet diese Publikation in der Deutschen Nationalbibliografie
detaillierte bibliografische Daten sind im Internet über dnb.dnb.de abrufbar.

Johann Schubert
Am Ostrachdamm 11
87527 Sonthofen

Website: primapage.de
E- Mail: schubsinf@gmail.com
Telefon: 08321 78 087 43

Text, Fotos, Layout: Johann Schubert
Alle Rechte liegen beim Autor
© 2020 Schubert, Johann

Herstellung und Verlag:
BoD – Books on Demand, Norderstedt
ISBN: 9 783 750 499 041

Bilder auf dem Einband: Oberstdorf

Vorderseite

Blick vom Entschenkopf über den unteren
Gaisalpsee zum Rubihorn

Rückseite

Blick vom Sattel zwischen Heidelbeer- und
Schnippenkopf zum Großer Daumen

Oberstdorf Schnippenkopf Entschenkopf Rubihorn
Drei Fototouren im Allgäu

Johann Schubert (primapage)

Vorwort

Aus dem Bildband "Wandern von Oberstdorf und Sonthofen bis Bad Hindelang - 48 Touren im Allgäu" werden hier drei Touren von Oberstdorf als Fototouren vorgestellt. Anstelle der wenigen Bilder und Kurzbeschreibungen im Bildband werden die drei Fototouren detailliert mit etwa 100 Fotografien erklärt.

Die Bilder zeigen vor den Ausflügen lohnenswerte Orte zum Innehalten und Fotografieren. Nach dem Wandererlebnis wird der Band beim Betrachten angenehme Erinnerungen wachrufen. Das gilt besonders für Naturfreunde, die keine Bilder dieser Touren besitzen.

Die Übersichtskarten und Infos über Beginn, Tourenstrecke, Dauer, Länge, Höhendifferenz und Leistungsbedarf der Wanderungen helfen beim Planen und Vergleichen der Touren. Am Ende des Bandes hilft dabei die Liste von 48 Touren im Allgäu nach dem Leistungsbedarf.

*Oberstdorf
von Hinang oder Schöllang
zum Schnippenkopf*

Fototour im Allgäu

*primapage
Tour 1 - A1-01*

1 Schnippenkopf von Sonthofen oder Oberstdorf

Zwei Routen locken zu den Sonnenköpfen auch im Herbst: Aufstieg Hinang oder Schöllang mit Abstieg über Gaisalpe oder Entschenalpe.

Zwischen Sonthofen und Oberstdorf führen viele Wege zu den Sonnenköpfen (1.712 bis 1.833 Meter NN). Vom Tal aus sind es 1.000 Meter Höhenunterschied.

Noch im November können Sonnenkopf, Heidelbeerkopf und Schnippenkopf über wiegend schneefrei sein. Dann ist die Aussicht auf die Alpenwelt rund um Oberstdorf oft klarer als im Sommer.

Die beiden aussichtsreichen Routen beginnen in Sonthofen, Hinang, Sonnenklause oder in Schöllang, Oberstdorf.

Der weite Blick über das Retterschwangerta zum Rotspitz, Großer Daumen und Oberjoc lässt das Herz des Wanderers höher schlager Die Wege sind gut begehbar.

Tour 1a beschreibt den 200 Höhenmeter kür zeren Aufstieg vom Parkplatz am Berggastho Sonnenklause, der von Hinang aus mit de mautfreien Straße erschlossen ist.

Tour 1b von Schöllang, Oberstdorf zeigt bein Aufstieg von der Parkbucht über den Eybac und Abstieg durch den Geisalptobel schön Wasserkaskaden und Wasserfälle.

Tourendaten - Schnippenkopf

Hinang, Sonnenklause

Tour 1a ab Hinang

Tag 27. Oktober, 10-18 Uhr
Gehzeit 4,5 Stunden
Länge 8,8 Kilometer
Höhendifferenz 850 Meter
Ergibt Leistungszahl von 35.

Tour 1b ab Schöllang

Tag 18. November, 12-18 Uhr
Gehzeit 5,25 Stunden
Länge 11,2 Kilometer
Höhendifferenz 1.050 Meter
Ergibt Leistungszahl von 43.

Tour 1a: Sonnenklause Schnippenkopf Entschenalpe

Blick vom Sonnenkopf: Retterschwangertal, von links Iseler, Gimpel, Bschießer, Beitenberg, Rotspitz

1 Aufstieg zum Sonnenkopf

Die Tour beginnt nach der Fahrt von Hinang zum Wanderparkplatz unterhalb der Sonnenklause.

Auf der Almstraße geht es markiert zum Sonnenkopf. Kurz nach dem Parkplatz zeigt ein Wegweiser zwei ein viertel Stunden an. Bald informiert ein weiterer Wegweiser mit einer alternativen, 1.600 Meter längeren Route über den Altstädterhof zum Sonnenkopf.

Rechter Hand kürzt - bei einer Bank die Straße verlassend - rechts ein Bergpfad vorbei an der im Bild zu sehenden Hütte den Weg ab.

Wo der Bergpfad die Stra-
ße quert, ist der Hoher Ifen
und Besler zu sehen. Auf
dem aussichtsvollen Hang
windet sich der Weg hoch
bis zu nächsten Almstraße.

Beim Wegweiser geht es
nach links weiter zum
Sonnenkopf. Wundervoll
ist der schöne Ausblick von
der Almstraße auf Sontho-
fen und den Grünten.

Wenige Schritte weiter ge
es hangwärts auf de Bergpfa
rechts weiter.

Vor dem Erreichen des Wa
des laden nach einer Stund
Aufstieg die ebenen Almwie
sen zur Rast ein.

Im Gras liegend, ist der Blic
aus der Froschperspektive
die Landschaft interessan
Das zeigt hier der Blick au
Hoher Ifen und Besler.

Nach der Rast führt der Bergpfad auf
dem bewaldeten Hang unbequem
steil aufwärts bis zum Bergkamm mit
schönem Blick auf den Grünten. Ab
hier wird der Weg angenehmer.

An der Dianahütte (Bild) vorbei lohnt wenige Minuten später der besonders schöne Rückblick über d
Hütte ins Illertal mit der Nagelfluhkette vom Hochgrat bis zum Mittag. Bald ist der Bergkamm zu sehe

Wenige Schritte weiter ist der
Blick nach vorne auf die plötzlich
sichtbare Daumengruppe ein
beglückendes Naturerlebnis.

Hier "Auf der Schnippe" ist der
Panoramaweg erreicht. Auf dem
Bild sind der Großer Daumen
und Kleiner Daumen zu sehen.

2 Auf dem Sonnenkopf

Das Bild links unten zeigt den Blick vom Sonnenkopf über das Retterschwangertal zum Breitenberg,
der Heubatspitze und Rotspitze. Vom Wanderpfad in Richtung Heidelbeerkopf grüßt das Nebelhorn
in Gegenlicht (Bild rechts). Die Fotos zeigen nur einen Ausschnitt der Rundumsicht. Auch die im
Norden und Westen beim Aufstieg zu sehenden Berge und Täler grüßen herüber zum Panoramaweg.

Nach dem Sonnenkopf führt der Panormaweg
weiter zum Heidelbeerkopf. Im Sattel vor dem
Anstieg umgeht alternativ ein unmarkierter
Pfad rechts abzweigend den Gipfel. Wird er
übersehen, ist er rechts unterhalb als Wiesenpfad zu sehen. Das Bild unten zeigt den
Gipfelblick vom Heidelbeerkopf.

3 Vom Sonnen- zum Schnippenkopf

Das Bild zeigt den Ort, wo der Umgehungspfad den
Panoramaweg erreicht. Es grüßen der Gipfel des
Schnippenkopfs und dahinter der Entschenkopf.

Hier am Sattel grüßt im Osten der Großer Daumen und Hindelanger Klettersteig.

Vor dem Gipfel zeigt sich westlich das Illertal mit Fischen und dahinter die Nagelfluhkette mit der Hörnergruppe davor.

4 Auf dem Schnippenkopf

Im Norden liegt das Illertal mit Sonthofen und rechts ragt das Burgberger Hörnle auf.

Beim Bick südlich zum Entschenkopf grüßt von links das Nebelhorn, Gaisalp- und Rubihorn herüber.

Im Hintergrund des Kreuzes begeistert der 2.280 Meter hoch aufragend Großer Daumen mit dem Hindelanger Klettersteig.

Am Gipfelkreuz wird der Wanderer mit folgendem Spruch begrüßt:

Menschen, die die Berge lieben,
widerspiegeln Sonnenlicht.
Die andern, die im Tal geblieben,
verstehen Ihre Sprache nicht.

Abstieg zur Falken-Alpe

er Abstieg zum Falkensattel beginnt mit einem chönen Motiv am Wegesrand.

rächtig ist der Blick über die Wengenköpfe, dem Ne- elhorn und dem Entschenkopf hinab zum Falkensattel nd der Falkenalpe. Von Standort der Bildaufnahme ist ut der Aufstiegsgrat zum Entschenkopf zu erkennen.

ie Wegweiser an der Falkenalpe locken mit Vanderzielen. Gute Kondition erlaubt den ückweg über das Retterschwangertal, Mitter- aus und Strausbergsattel zur Sonnenklause.

Tour 1b beschreibt den Rückweg über Gaisalpe bei 3 Abstieg über Gaisalpe (Seite 13).
Hier geht es weiter mit der Tour 1a:

6 Abstieg zur Sonnenklause

Bild oben rechts zeigt hinter dem roten Dach der Falkenalpe den Großer Daumen. Rückblickend über den Pfad zur Entschenalpe grüßt der Entschenkopf in der Spätnachmittagssonne (Bild rechts).

Ab dem nächsten Wegweiser ist es eine halb Stunde zur Entschenalpe. Rechts abzweigen führt der Steig aus dem Wald. Es wird der Blic frei ins Illertal. Nahe der Entschenalpe mündet de Bergsteig in die Almstraße. Die Bilder zeigen di Entschenalpe und im Rückblick den Schnippenkop

Nach vorne blickend au die bequeme Almstraß grüßt der Steineberg de Nagelfluhkette (Bild oben

Der Blick wird frei über da Ostrachtal zum Grünte Eine Bank lädt zum Genus der schönen Aussicht eir

Beim Wegweiser zur Sor nenklause zweigt rechte Hand ein schöner Wal pfad ab bis zum Parkplat

Tour 1b: Schöllang Schnippenkopf Gaisalpe

1 Aufstieg Schöllang - Eybachtobel

Der Startpunkt der Tour 1b ist die Parkbucht auf der linken Straßenseite von Sonthofen kommend bei Schöllang in Richtung Oberstdorf an einer Brücke.

Vom Parkplatz geht es rechts zum Sonnenkopf. Zunächst auf der Forststraße, nach wenigen Metern gut beschildert links zum Eybachtobel. Hier immer am mit Hochwasserschutz verbauten Eybach entlang auf gutem Wanderpfad.

Über eine Straßenbrücke nach links zeigt nach wenigen Minuten der Wegweiser in zwei Richtungen zum Sonnenkopf.

2 Eybachtobel - Sonnenkopf

um Eybachtobelweg geht es wie angezeigt echts weiter. Bald ist der Eybach wieder rreicht. Ein breiter Weg führt hinauf zu askaden und Wasserfall. Der Pfad windet ich aus dem Eybachtobel nach oben zur ntschenalpstraße.

ie etwa gleichlange Variante des Aufstiegs uf der Almstraße ist bequemer. Aber der fad entlang der Wasserfälle ist kurzweiliger.

as Bild zeigt den Blick auf Sonthofen.

Nach 1.700 Meter Wanderstrecke geht es eine Weile gemütlich ansteigend weiter mit Aussicht zu den Sonnenköpfen.

20 Minuten vom Abzweig nach der - im Bild rechts zu sehenden Hütte - hilft ein alter Wegweiser den unscheinbaren Steig zum Sonnenkopf zu finden (Bild unten links).

Bald wird der Blick frei auf Sonthofen mit dem Grünten und auf das Tal der Ostrach.

Nach insgesamt 3.400 Metern ist der 1.712 Meter hohe Sonnenkopf nach 2,25 Stunden erreicht. Am Gipfel erfreut der freie Blick zur Rotspitz und zum Großer Daumen.

Eine Bank am Gipfel lockt zur Pause mit Blick in die Berge. Rückblickend auf das Kreuz mit dem Grünten geht es zum Heidelbeerkopf.

Vom Sonnenkopf bis zur Falkenhütte verwenden die Touren 1a und 1b die selbe Strecke.

Deshalb findet sich hier die Fortsetzung mit Bildern und Beschreibung in der Tour 1a

von 2 Auf dem Sonnenkopf (Seite 7)
bis 6 Abstieg zur Sonnenklause (Seite 10).

3 Abstieg über Gaisalpe

ach vier Stunden ist die Falkenalpe rreicht. Die Variante über die Entschenalpe eendet die Tour nach 2,25 Stunden.

er Weg über die Rubihütte zur Gaisalpe auert 1,25 Stunden. Es geht hinab auf em wurzelreichen Waldweg. Vorbei an er Rubihütte zeigt sich das Rubihorn ährend des Abstiegs dominant. Auch die licke Richtung Kleinwalsertal freuen den Vanderer.

Die Gaisalpe hat im November geschlossen. Aber auch der kurze Novembertag fordert auf zum raschen Weiterwandern.

equem ist die Straße ins Tal. Am gut gesicherten obelweg braucht es gleich lang. Wasserfälle und askaden machen ihn empfehlenswerter.

Nach der Schranke kurz vor dem Parkplatz wird die Straße laut Wegweiser "Alle Wanderwege" verlassen. Der breite und ebene Weg führt auch nach Schöllang.

Nach dem Ausblick (Bild unten links) wandernd durch die Unterführung und Schöllang, endet die Tour an der Parkbucht (Bild unten rechts).

Oberstdorf
Entschenkopf Falkensattel
Gaisalpseen Gaisalpe

Fototour im Allgäu

primapage
Tour 2 - A1-02

2 Oberstdorf Falkensattel Entschenkopf Gaisalpseen

Faszinierend ist die Tour von Reichenbach über Gaisalphütte, Falkensattel, Entschenkopf, Am Gängele, Gaisalpseen, Gaisalpe und Gaisbachtobel.

Der Weg vom Parkplatz Gaisalpe in Reichenbach - ein Ortsteil Oberstdorfs - führt nach wenigen Minuten zum Rastplatz "Schöne Aussicht". Zurück wird die 20 Minuten kürzere Strecke Gaisalpstraße oder Tobelweg gewählt.

Nach der "Schöne Aussicht" geht es oberhalb auf der Almstraße mit schönen Ausblicken weiter. Bald wird der Abzweig zur Gaisalphütte erreicht. Hier beginnt der Aufstieg zum Falkensattel.

Nach dem ebenen Sattelweg führt der Bergsteig steil hoch zum Entschenkopf.

Gut zu wandern, führt der Steig zum Gipfel. Unterwegs wird eine Felswand einig[e] Meter hoch geklettert.

Der Kammpfad am Entschenkopf ende[t] Am Gängele und schenkt wundervoll[e] Aussichten in die Oberstdorfer Bergwelt[.]

Nach dem leichten, kurzen Klettersteig geht es hinab zu den Gaisalpseen. Es läd[t] zur Einkehr die Richter- oder Gaisalphütt[e] ein. Als Abschluss der Tour gibt e[s] alternativ zur bequemen Almstraße de[n] gleich langen, romantische Weg durch de[n] Gaisbachtobel mit Wasserfällen.

1 Beginn der Tour über die "Schöne Aussicht"

Fünf Minuten entfernt vom Parkplatz Gaisalpe in Reichenbach, Oberstdorf zweigt links ein Sträßchen ab. Davor ist ein Eisengatter zu sehen, das direkt zu diesem Sträßchen führt.

Hier geht rechter Hand ein Wiesenpfad mit Wegweiser "Schöne Aussicht" (Bild) den Steilhang hoch zum Blick ins Iller- und Kleinwalsertal.

Oberhalb der Bänke "Schöne Aussicht" führt die unmarkierte Almstraße den Hang hoch. Sobald der links von Schöllang kommende Pfad die Straße kreuzt, zeigt nach rechts der Wegweiser zur Gaisalpe.

Wenige Meter später lädt eine Bank zur zweiten Rast ein. Es zeigt sich rechter Hand, wie schon beim Aufstieg, das marante Rubihorn.

2 Rastplatz oberhalb der Gaisalphütte

3 Rast und Aussicht nahe Rubihütte

Jetzt führt der Pfad etwa 50 Meter bergab zur Gaisalphütte. Es geht hangwärts nach oben bis zur Rubihütte.

Bänke vor der Hütte laden zur Rast mit schönem Blicken ein auf das Rubihorn und ins Kleinwalsertal mit Widderstein, Hohe fen und weiteren Bergen.

4 Es zeigt sich der Entschenkopf

Bei der Rubihütte sind 1.500 Meter NN erreicht. Nicht mehr weit ist es zum 1.660 Mete
hohen Kreuzungspunkt am Falkensattel. Rechts geht es zum Entschenkopf, links könne
die Sonnenköpfe erwandert werden. Der Wegweiser zeigt eineinhalb Stunden Wanderze
zum Entschenkopf an. Ein kurzes Stück geht es am Falkensattel eben weiter. Dann zeig
sich imposant an der Waldlichtung der Entschenkopf.

5 Blick ins Retterschwangertal nach Osten

Nach wenigen Minuten wird der Blick frei zum Retterschwangertal. Es zeigen sich di
Rotspitze und der Großer Daumen (von links) am Beginn des bald sehr steilen Aufstiegs.

6 Zwischenrast Aussicht Schnippenkopf und Großer Daumen

un wird der Steig steinig. Die Zwischenrast im Schatten der Latschen (Kriechkiefern) ist ine Wohltat. Der herrliche Ausblick auf die dominante Rotspitze (2.032 m) und den grünen chnippenkopf (1.833 m) sind ein berührendes Naturerlebnis. Der sanfte Aufstiegsweg om Schnippenkopf von der Falkenalpe aus ist ein krasser Gegensatz zu dem am rechten ildrand zu sehenden, steilen und steinigen Steig auf den Entschenenkopf.

7 Der Entschenkopf zeigt sich wieder und eine Schlüsselstelle

Veiter geht es den Steig hinauf dem ipfel entgegen. Bald zeigt er sich rfreulich nahe.

äher kommend zu steilen Felsstu- en führt der Weg rechter Hand urch den U-förmigen Einschnitt irekt zur Felswand und über diese och (Bild unten). Da kehrt wohl so nancher Wanderer um.

DIe Felswand erfordert eine kurze Kraxelei! Sicherheits hal- ber sollte seitlich der Einstiegs- stelle solange gewartet, wer- den, bis Wanderer in der Wand die Stelle komplett passiert haben.

Bei dieser Tour gab es einige Steinschläge durch los getrete- nes Geröll der Wanderer.

8 Kleiner- und Großer Daumen winken herüber

Wunderschön zeigen sich unterhalb des Gipfels der Kleiner- und Großer Daumen. O[...]
geben die Aufnahmen unterhalb des Gipfels bessere Fotografien durch interessante ode[...]
informative Vordergründe.

9 Auf dem Entschenkopf

Der Gratweg (Bild links) zum Gipfel schenk[...]
freie Blicke ins Illertal, zum Gaisalphorn un[...]
Rubihorn sowie auf weitere Gipfel. Dan[...]
grüßt im Gegenlicht das Gipfelkreuz.

Direkt dahinter ist das Nebelhorn zu erkennen. Tausende fliegende Insekten warten schon am Gipfel. Da ist es ratsam, kurzzeitig die Wandertour fort zu setzen.

er Blick vom Entschenkopf beim Gipfelkreuz nach Norden zeigt das Burgberger Hörnle und en Grünten. Östlich im Illertal liegt Sonthofen, die südlichste Stadt Deutschlands. Gut zu ehen sind der grüne Schnippen- und Heidelbeerkopf.

10 Abstieg zum Am Gängele

er Blick vom Gipfel auf den Pfad über den angen Bergkamm zum Am Gängele (Bild nks) schenkt Vorfreude auf den Abstieg. eim Rundumblick grüßen Rubihorn und aisalphorn.

as Bild rechts zeigt das im Gegenlicht tehende Nebelhorn. Die Sicht war so klar, ass die Besucher auf dem Gipfelaufbau rkennbar waren.

11 Rast mit Traumblick auf den Unteren Gaisalpsee

Als sich der Untere Gaisalpsee erstmals zeigt, lädt am Wiesenhang eine mückenfreie un
erholsame Rast ein. Der freie Blick auf See und Rubihorn veführen zum längeren Verweiler

Links zeigt sich das Nebelhorn (Bild unten). Nach der
Rast mit grandiosen Ausblicken schenkt die Tour viele
Blicke auf die Gaisalpseen (Bild rechts).

12 Hinab zum Am Gängele

Der Grat des Entschenkopf endet am Sattel Am Nägele. Er ist im Bild unten rechts sichtbar. Der Wiesenhang vor dem Abstieg zum Sattel lädt mit langen Gräsern ein zu fotografieren.

Es lohnt eine Pause auf diesem freien Aussichtsort: Liegend den Duft des Grases in der Nase und der Blick auf Klettersteig und das nahe Nebelhorn. Das ist Entspannung pur.

wischen dem Nebelhorn und dem Sattel eginnt das Retterschwangertal.

as Bild rechts zeigt im Rückblick den astplatz auf dem Wiesenbuckel. Von dort ührt der etwas ausgesetzte Steig herab.

Markant zeigt sich der kleine Nebelgipfel.

Von Bad Hindelang ins Retterschwangertal und Sennalpe Mitterhaus kann alternativ der Entschenkopf besucht werden. Die Sennalpe liegt 105 Minuten vom Am Gängele entfernt.

Nach dem Am Gängele und einem einfachen, kurzen, gesicherten Klettersteig steigt der Weg einige Meter hoch, bevor es hinab zum Oberer Gaisalpsee geht.

Immer wieder sehenswert sind die Rückblicke auf den Entschenkopf. Nach vorne blickend zeigt sich der kleinere, obere Gaisalpsee in einer Mulde schön gelegen. Dahinter grüßen Rubihorn und Gaisalpspitze.

Beim oberen Gaisalp
see lohnt der Rückblic
zum Entschenkopf. De
Blick nach vorne zu
Gaisalp- und Rubihor
lädt ein zu weitere
Touren.

Der Abstieg vorbei a
unteren Gaisalpsee zu
Gaisalpe dauert 9
Minuten. Die Richte
alpe und Gaisalphütt
laden zur Einkehr ein

ine halbe Stunde durch den romantischen aisalptobel wird der Parkplatz in Reichenbach rreicht. Der alternative Weg auf der Almstraße t bei gleicher Dauer bequemer.

14 Im Gaisbachtobel

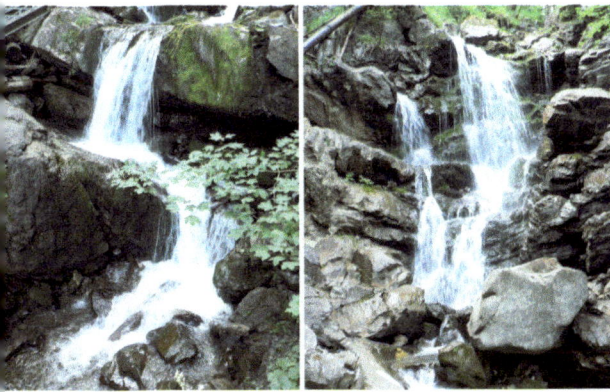

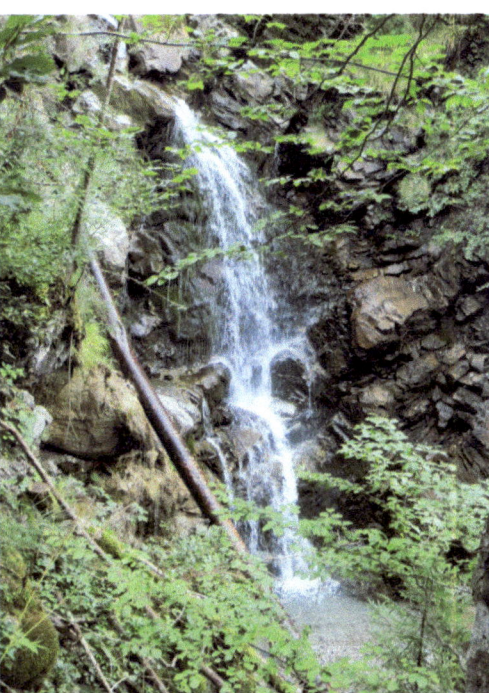

Tourendaten - Tourenplan

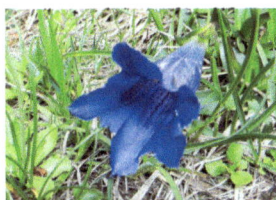

ehzeit Stunden	7,5
trecke km	12,3
öhenmeter	1.311
esamtzeit Stunden	11,5
eistungsbedarf	54

Bild: Unterer Gaisalpsee, Enzian am Ufer

Rastplätze sind mit rotem Stern markiert.

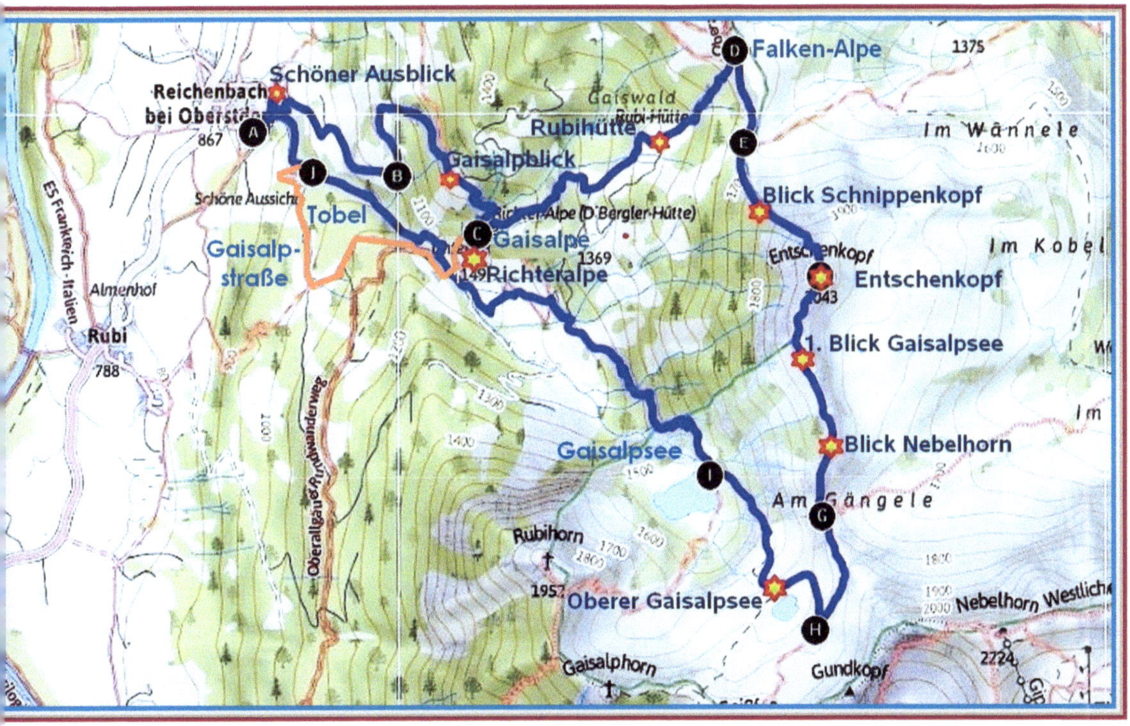

Oberstdorf
Rubihorn Gaisalpsee
Vordere Seealpe

Fototour im Allgäu

primapage
Tour 3 A1-03

3 Oberstdorf Gaisalpsee Rubihorn Vordere Seealpe

Oberstdorf Rubihorn über Gaisalpe und Gaisalpsee - Rückweg Niedereck und Roßbichel zur Vordere Seealpe und Wallrafweg

Die lange, gut markierte Bergtour beginnt in Oberstdorf, Ortsteil Reichenbach beim Parkplatz Gaisalpe. Die Route führt durch den romantischen Gaisalptobel zur Gaisalpe und den unteren Gaisalpsee zum Rubihorn.

Der Rückweg über das Niedereck beginnt mit dem Abstieg über den Roßbichel zur Vordere Seealpe.

An der mittleren Bergstation der Nebelhornbahn gelegen, lädt sie zur Einkehr ein. Hinab auf der Schanzenstraße Richtung Oberstdorf geht es am Wallrafweg weiter.

Hier warten noch 200 Meter Anstieg. Der Wallrafweg (Gaisalpweg) wird beim Schild Gaisalpe verlassen. Die links abzweigende Straße führt über die Gaisalpstraße zum Parkplatz nach Reichenbach.

Von Reichenbach zum Gaisalpee

Die Wanderung beginnt in Oberstdorf, Reichenbach zwischen Schöllang und Rubi. Die beschilderte Straße führt den Hang hinauf zum Parkplatz Gaisalpe.

Die Almstraße ist für den allgemeinen Verkehr gesperrt. Es beginnt der Aufstieg. Nach wenigen Minuten wird der Gaisalpbach überquert.

ier lädt der Tobelweg am Bach entlang als empfeh-
nswerte Alternative zur Straße zum Wandern ein.
ach den Kaskaden sind bald schöne Wasserfälle zu
ewundern. Kurz nach dem Tobelausgang auf der
traße zweigt rechter Hand der Weg zum Rubihorn.

lternativ kann auch die Straße zum
erggasthof Gaisalphütte gewählt
verden. Beide Strecken treffen sich an
er Untere Richteralpe.

n dieser Alpe zweigt von der Straße
in Wiesenpfad den Hang hoch zum
ergsteig.

s beginnt der gut ausgebaute Wan-
ersteig Richtung Rubihorn. Er ist an
inigen kurzen, ausgesetzten Abschnit-
en mit Drahtseilen gesichert.

Vorwärts blickend zeigt sich das Rubihorn. Beim Rückblick ins Illertal grüßen am Wegesrand Glockenblumen (Bilder oben).

Unterwegs wird der Blick frei auf den Wasserfall als Abfluss des Gaisalpsees. Markant ragt im Hintergrund das Gaisalphorn empor (Bilder unten).

eim Blick nach vorn wird hinter dem Wasserfall der See mit dem Gaisalphorn sichtbar. Das echte Bild zeigt das einladende Rubihorn. Wenige Minuten später ist das Seeufer erreicht. Der Steig führt weiter zum oberen Gaisalpsee und Nebelhorn. Nach zwei Stunden Aufstieg ohnt die Rast am Ufer.

m See spiegelt sich der ergrücken des Ent-chenkopfes.

Ver nur den Gaisalpsee ls Ziel der Wandertour ählt, gewinnt ebenfalls in wundervolles Erlebnis der Bergwelt. Hier ist in Abstecher zum obe-en Gaisalpsee empfeh-enswert.

Veiter führt die Route um Rubihorn entlang es Seeufers.

Vom Gaisalpee zum Rubihorn

Nach dem See führt der Aufstieg zu[m] Rubihorn durch blumenreiche Almwiese[n]. Das Bild zeigt den Weiße Germer (seh[r] giftig) und den Gelber Enzian.

Der Blick nach vorn zeigt das Gaisalphorn.

Im Schatten am Rande der Krummholzkiefern (Latschen) schenkt eine Rast aussichtsvolle Blicke auf das Rubihorn und zurück ins Tal.

Das Bild oben zeigt im Rückblick den Au[f]stiegsweg nahe des Bergkammes. Im Hinte[r]grund ist der Bergrücken des Entschenkopfe[s] zu sehen.

Am Grat zum Rubihorn

Auf dem Grat belohnt der Blick hinab auf das tausend Meter tiefer liegende Oberstdorf. Südlich grüßt das Nebelhorn herüber.

Wenige Schritte weiter fasziniert der Blick über den Gratweg zum Gaisalphorn und in die Oberstdorfer Berge - wie am unteren Foto zu sehen.

Auf dem Rubihorn

Nach vier Stunden inklusive der Pausen ist d[as] Gipfelkreuz erreicht. Es steht an der weith[in] sichtbaren Stelle unterhalb der höchste[n] Erhebung (1.957 Meter) des Rubihorns.

Im Osten lockt der Entschenkopf zum Besuc[h] ein. Südlich zeigt sich die Oberstdorfer Ber[g]welt mit dem Gaisalphorn. Auf dem Bergkam[m] ist der Steig über das Niedereck gut zu sehe[n] (Bilder unten). Der Blick ins Illertal (großes Bil[d] reicht bis nach Sonthofen und zum Grünten.

Rückweg Niedereck, Vordere Seealpe zum Wallrafweg

eim Rückweg über das Niedereck zweigt ein
Veg zum Nebelhorn ab.

ie Tour führt auf dem Steig hinab über den
oßbichel (1.466 Meter). Hier belohnt eine Rast
nit schönem Blick auf den Schattenberg.

Bequem absteigend schlängelt sich der
Pfad zur Vordere Seealpe. 1.280 Meter
hoch gelegen an der Mittelstation der
Nebelhornbahn, lädt sie zur Einkehr
ein. (Bild unten links). Wahlweise be
endet die Bahnfahrt ins Tal die Tour.

Die Route folgt der Schanzenstraße
(Rodelbahn) abwärts auf etwa tausend
Meter. Gleich nach der Serpentine
weist rechts ein Schild den Pfad zum
Cafe Breitenberg.

Dieser Weg abwärts mündet wenige Mete[r] später in den Wallrafweg. Das Bild zeig[t] Oberstdorf und davor das schön geleger[n] Cafe Breitenberg.

Hier warten auf breitem Weg die letzte[n] zweihundert Höhenmeter der Tour m[it] bequemen Anstieg. Am Wegesrand lade[n] immer wieder Bänke zum Verweilen un[d] Betrachten der Landschaft des Illertals ein

Nach dem Scheitelpunkt des Wallrafwegs zeigt der Wegweiser zur Gaisalpe. Alternativ über die Alpe ist es jedoch einige hundert Meter länger.

Abkürzend wird hier der Abzweig nach links direkt ins Tal über die Gaisalpstraße zum Parkplatz gewählt.

Streckendaten

Wanderabschnitt	km	Höhe m	Gehzt.mi[n]
Parkplatz Gaisalpe		870	
1 Untere Richteralpe	1,8	1.140	45
2 Gaisalpsee	1,9	1.508	70
3 Rubihorn	1,8	1.957	75
4 Roßbichel	2,1	1.466	45
5 Vordere Seealpe	1,7	1.280	20
6 Cafe Breitenberg	1,8	1.000	25
7 Abzweig Wallrafweg	2,9	1.200	40
Parkplatz Gaisalpe	1,7	870	
Gesamtstrecke	**15,7**	**1.337**	**7 Stdn.**
Leistungsbedarf	56		

Nach zehneinhalb Stunden Gesamtzeit wird der Ausgangspunkt erreicht. Die Wanderzeit ohne Pausen ist sieben Stunden. Die Angaben basieren auf mittlerem Wandertempo.

Wartezeiten für Teile der Bergsteige mit Drahtseilsicherung beim Auf-und Abstieg entgegen kommender Bergwanderer sollten geplant werden. Nicht zu vergessen ist die Dauer für das Fotografieren guter Bilder.

Wanderstrecke

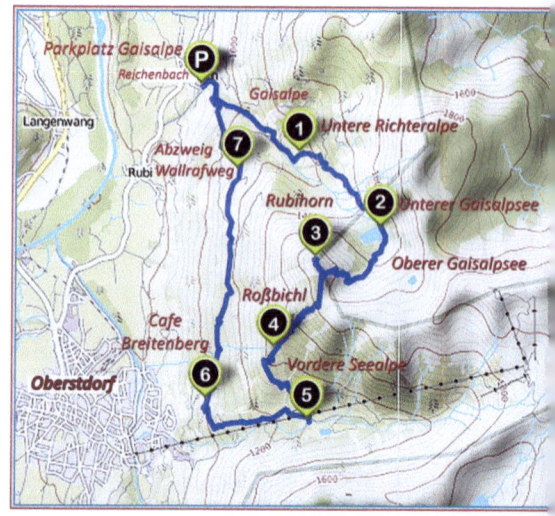

Bildbände Johann Schubert (primapage)

Vorstellung Inhalt Band 1 der Reihe "Drei Fototouren im Allgäu"

Hindelang Willersalpe Bschießer Zipfelsalpe

Von Bad Hindelang schenkt die Tour Hinterstein - Köpfle - Willersalpe - Zirleseck - Bschießer -Zipfelsalpe - Zipfelsfälle beglückende Aussichten.

Hindelang Giebelhaus Schwarzenberghütte

Die Tour von Bad Hindelang zum Giebelhaus schenkt eindrucksvolle Ausblicke in die Allgäuer Bergwelt. Alternativ lohnt der Rückweg über die Schwarzen-berghütte. Der Bus hält an jeder Stelle der Straße. Wanderer auf. So ist der Ausflug beliebig kürzbar.

Hindelang Willeralpe Jubiläumsweg Schrecksee

Die Tour startet in Hinterstein, Bad Hindelang zur Wil-lersalpe. Der Jubiläumsweg führt über das Gaiseckjoch zum Schrecksee. Er schenkt abwechslungsvolle Ausblicke zum Vilsalpsee und den Bergen Bayerns und Tirols.

ISBN: 9783 751 967 075

Es folgt die Liste aller Touren nach Leistungsbedarf aus dem Bildband

Wandern von Oberstdorf und Sonthofen bis Bad Hindelang Bildband 48 Touren im Allgäu

für weitere, empfehlenswerte Wanderungen.

Der Leistungsbedarf ergibt sich aus je einem Punkt für

- 1 KILOMETER WANDERSTRECKE,
- 30 MINUTEN GEHZEIT UND
- 50 METER HÖHENDIFFERENZ.

ISBN 9783 749 498 307

Liste 1 aller Touren nach Leistungsbedarf

Leistung bis 20 - Kurze Touren bis drei Stunden

Band	Nr	Stunden	km	Höhe m	Leistung	Titel (Alternative) Strecke
2	2	1	3	80	7 =	Gunzesried Säge - Ostertal - Tobelweg - Buhls Alpe
1	8	1,5	5	10	8 =	Lorettokapelle - Promenadenweg - Stillach - Renksteg
3	2	1,75	5,5	250	14 =	Hindelang - Nusche - Gailenberg
4	3	2	8,7	150	16 =	Burgberg - Auf dem Ried - Höfle Rundweg - Knappenhock
1	4	2,5	10	30	16 =	Fischen (Oberstdorf) - Illerursprung
3	11b	2	8,4	170	16 =	Hinterstein - Giebelhaus - Bus
4	4	2,25	6,9	240	16 =	Ruine Burgberg - Auf dem Ried - Starzlachklamm - Winkel
4	10	2,5	9	150	16 =	Sonthofen - Ostrachtal - Imberg - Margarethen
2	12	2,25	8,2	280	18 =	Bühl - Großer Alpsee - Siedelalpe - Alpe Schönesreuth
3	3	2,5	6,4	340	18 =	Hinterstein - Schleierfall - Cafe Horn
2	1	2,75	7,1	335	20 =	Alpe Eck - Ofterschwanger Horn

Leistung 21 bis 27 - Kurze Halbtagestouren

Band	Nr	Stunden	km	Höhe m	Leistung	Titel (Alternative) Strecke
1	11	3,0	10	310	22 =	Obermaiselstein - Judenkirche - Tiefenbach
3	8	2,75	8,3	430	22 =	Schattwald - Stuibenalpe
4	9	3,25	7,5	500	24 =	Imberg - Strausberg - Imberger Horn
4	1	3	6	700	26 =	Burgberg - Burgberger Hörnle - Funkenweg - Grüntenhaus
3	11s	3,5	11,6	360	26 =	Bus - Giebelhaus - Schwarzenberghütte - Hinterstein
4	11	3,2	9	530	26 =	Imberg - Sonthofer Hof - Altstädter Hof - Strausberghütte
2	3	3,75	10,6	460	27 =	Gunzesried Säge - Ostertal - Ofterschwanger Horn
3	3h	3,5	9	565	27 =	Hinterstein - Schleierfall - Cafe Horn - Hornalpe
4	7	3	9,8	570	27 =	Imberg - Burgschrofen - Naturpark Strausberg

Leistung 28 bis 33 - Halbtagestouren

Band	Nr	Stunden	km	Höhe m	Leistung	Titel (Alternative) Strecke
2	11	3	10	600	28 =	Gunzesried - Tobelweg - Mittag - Vordere Krumbachalpe
1	10	3,5	8,1	620	28 =	Riedbergstraße - Schönbergalpe - Besler
2	6	4	8,8	550	28 =	Scheidwangalpe - Hochgrat - Brunnenauscharte
2	7a	4	8	570	28 =	Scheidwangalpe - Rindalphorn - Gelchenwanger Kopf
4	5	3,5	14	400	29 =	Berghofen - Berghoferwald Alpe - Kapf - Burgstalltobel
4	6	4	10,5	580	30 =	Breiten - Alpe Klank - Boaleskopf - Tiefenbacher Eck
2	5	4	8	700	30 =	Gunzesried, Aubachtal - Siplinger Nadeln - Siplinger Kopf
4	12	4	10	750	33 =	Altstädten - Hubertusfall - Altstädter Hof - Hinanger Wasserfall
4	1a	4	10	750	33 =	Burgberg - Burgberger Hörnle - Grüntenhaus - Schwandalpe
4	2	4	9	800	33 =	Burgberg - Grünten - Schwandalpe
2	4	4,75	11,4	620	33 =	Ostertal - Rangiswanger Horn - Fahnengehren Alpe

Liste 2 aller Touren nach Leistungsbedarf

ab Leistung 34 - Kürzere Tagestouren

Band Nr	Stunden	km	Höhe m	Leistung Titel (Alternative) Strecke
4 8	4,25	11,8	750	35 = Naturpark Strausberg - Cafe Horn - Sennalpe Mitterhaus
1 1b	4,5	8,8	850	35 = Schöllang, Oberstdorf - Schnippenkopf - Gaisalpe
1 9	5	16,5	475	36 = Breitachklamm - Hörnlepass - Alpe Dornach
4 2a	4,5	11	800	36 = Burgberg - Grünten - Roßalpe
1 12	4,5	11,5	830	37 = Bolsterlang - Rangiswangerhorn - Weiherkopf
2 7b	5,5	11,5	825	39 = Scheidwangalpe - Rindalphorn - Au-Alpe
2 9	5	12	900	40 = Gunzesried Säge - Stuiben - Sedererstuiben
2 10	5	13,3	850	40 = Gunzesried - Vordere Krumbachalpe - Steineberg

ab Leistung 41 - Mittlere Tagestouren

Band Nr	Stunden	km	Höhe m	Leistung Titel (Alternative) Strecke
2 8	5,75	11	900	41 = Aubachtal - Gündleskopf - Buralpkopf - Gatter Alpe
3 1	5,25	12,4	950	42 = Bad Hindelang - Hirschberg - Alpe Klank - Spieser
3 11	5,5	20	540	42 = Hinterstein - Giebelhaus - Schwarzenberghütte ohne Bus
1 1a	5,25	11,2	1050	43 = Hinang, Sonthofen - Schnippenkopf - Gaisalpe
3 10t	6	12	1025	45 = Giebelhaus - Engeratsgundsee - Türle - Hinterstein
1 5	6,75	14,5	926	47 = Spielmannsau - Kemptner Hütte - Mädelekopf
3 6	6,25	15,9	1070	50 = Hinterstein - Zipfelsalpe - Iseler - Vaterlandsweg
3 4	7	15,6	1075	51 = Hinterstein - Häbelesgund - Breitenberg
3 7	7,5	15	1200	54 = Hinterstein - Willersalpe - Bschiesser - Zipfelsalpe

ab Leistung 54 - Längere Tagestouren

Band Nr	Stunden	km	Höhe m	Leistung Titel (Alternative) Strecke
1 7	6,0	22	990	54 = Oytal - Käseralpe - Älpele Sattel - Gerstruben
1 2	7,5	12,3	1311	54 = Reichenbach - Entschenkopf - Gaisalpseen
3 5	7	16,5	1215	55 = Hinterstein - Häbelesgund - Rotspitz - Alpe Mitterhaus
3 9	7,5	17,1	1145	55 = Tannheim - Älpele - Gaishorn - Vilsalpsee
1 3	7,0	15,2	1335	56 = Reichenbach - Rubihorn - Vordere Seealpe
3 10d	9	19	1300	63 = Giebelhaus - Engeratsgundsee - (Daumen) - Hinterstein
3 12	8,75	19,5	1409	65 = Hinterstein - Willersalpe - Jubiläumsweg - Schrecksee
1 6	10,5	20,5	1775	77 = Spielmannsau - Mädelegabel - Alpe Eschbach

Die Liste ist sortiert nach der Leistung (Leistungsbedarf). Das hilft beim Planen der Touren und ergibt sich aus einem Punkt je:

- 1 KILOMETER WANDERSTRECKE,
- 30 MINUTEN GEHZEIT UND
- 50 METER HÖHENDIFFERENZ.